¶ La complainte des citoyens de Milan,

Enuoyee a Lempereur.

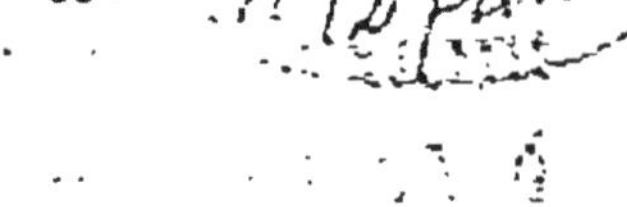

¶ Mil. D. xii.

¶ On les vend a Paris en la rue sainct Jacques a lenseigne des troys Brochetz/par Benoist de Gourmond.

¶ Auec Priuilege.

Au Lecteur.

Iauois differe iusques icy lecteurs beneuoles de mettre en lumiere ce ste nouuelle traduction de la complaincte des Milanoys pource q̃ auoys peur q̃ ne fust aggreable a tous / mais maintenant par la persuasion et enhortation de beaucoup. Jay bien voulu la mettre en lumiere affin que puissiez cõgnoistre les faictz des autres nations lesquelz si nous les confe rons aux choses qui sont faictes en France / nous verrõs facillemẽt cõbien en plus grande trãquillite et vnion le treschrestien roy de France a tousiours entretins son peuple & la garde de si grãdes incursiõs & pilleries. Parquoy il te plaira lecteur begnin de prendre ce petit liure en gre laquelle chose se tu le faitz / ie te prometz mefforcer de faire chose qui te se ra plus aggreable.

Dicy la cinquiesme annee q̃ Co-
lume duc du puissant ost de ta ma
ieste est venu dessus noz terres ou
a este receu dung bon cueur de tous
les citoyens. Et alors tous dune mesme voix
et volunte ont cõmence a extoller et glorifier
ton nõ et a exploicter et employer les armes
et instrumentz belliques pour lamplifiment
de ta dignite et aussi pour la tuition et defense
de ton armee. Desquelles armes ton ost ayde
combien de victoires triumphantes a il faictes: cõbien de despoilles a il gaignez: cõbien
de grãs triumphes a il rapportez: Icelles armes ie dictz qui aux ennemys du peuple Romain ont este en si grant terreur et au cõtraire
aux amys et affins en si grant ayde et gloire
quil nest possible qui nen soit memoire perpe
tuelle. Et dauantaige icelle ville a receu ton
ost dung tel couraige comme si apres toutes
guerres faictes/et toute la gent Romaine mi
se en tranquillite et vnion/elle deuoit veoir le
beau siecle dor regner soubz Cesar/et cõme
si elle deuoit iouyr dune tranquillite et beati-
tude perpetuelle. Et alors ta maieste est appa
rue congnoistre et sentir le bon vouloir qua-
uoit nostre cite Mediolanense enuers elle/car

comme si elle lauoit voulu remunerer dung don bien excellēt. Elle luy a promis pour cinquiesme duc Francois onziesme / pource que quant tu ny peulx estre icelluy duc filz de duc tresexcellent pour ces vertus citoyen de Milan representast ta personne lequel seroit plus aggreable a ton peuple Milanoys pource quil est ne en la mesme ville & au peuple Romain et toute autre gent pource quil est yssu de ton lignage. Par bonne raison doncques as voulu commettre vng tel personnage a tel office / affin q̄ luy estant present par sa prudēce mist plus facillement remede aux maulx et calamitez desquelles nous estiōs quotidianemēt oppressez. Par lequel beau faict, O cesar cōbien que les Milanoys fussent desia assez incitez et eussent bon vouloir envers toy / toutesfoys tu les as en telle sorte devinct et obligez a toy que il ne scauroit estre excogite chose si grande / si difficille / si laborieuse / si perilleuse laquelle ilz ne voulsissent commettre et endurer pour toy. Dont lequel faict premierement de parolles & en apres de dons telz que auons peu selon nostre puissance et capacite nous ta nōs remercie & rendu graces immortelles. Et aussi po'ce q̄ entre toutes les villes de ton empire tu te es principallement soucie dicelle / en

la constituant et lestimant le seul propugna-
cle et deffense de toute Italie. Pourtant doncques depuis ceste iournee la en laquelle nous
auons congneu et apperceu le grant et infiny
bon vouloir et linestimable beniuolence de ta
maieste enuers nous/quel peril/quelle guerre
quel assault/quelle famine/ quelle hospitatiõ
et passage de tes gẽs darmes/ quelle extortiõ
dargent/quelle ruine/quelle peste trescruelle/
finablement quelle mortalite non point peti-
te a enduree nostre cite? O cesar nous estime-
rions bien eureux si ie estions dictz auoir endure tous ces maulx et calamitez predictes
pour ton nom/pour lamplitude et augmenta
tion de ta dignite. Et si toutes gens oyent dire que la seulle terre de Milan oys cest voulu soubzmette a tous perilz non point autre-
ment q̃ les troys Decies lesquelz de leur propre volante ont expose et offert leurs corps a
mort pour le salut de leur pays. Et en tesmoi
gnage de ce depuis peu de tẽps troys batail-
les contre les Francois ont este faictes par vo
stre ost apres les auoir dechassez de nostre ville ausquelles soit que on ayt faict commande
ment dy venir ou non/soit q̃ on ayt faict son-
ner a lassault ou non soit ql ayt faict froit ou
chault/soit que le tẽps ayt este pluuieux ou

Vēteulx toutesfois pourueu q̄ ce fust pour cesar pour lamplifiment de son nom et dignite nous tous voluntairemēt et dung bon cueur faisiōs toutes oeuures militaires. Si falloit faire vng rempart pour se deffendre ꝛ munir noꝰ le faisiōs voulentiers. si falloit accumuler mōceaulx de terre nous estiōs tous prestz Si falloit veiller consequēment beaucoup de nuictz nous les veilliōs. Si falloit trouuer argent pour payer les gaiges aux gēs darmes prōptement et legierement nous le trouuiōs. Si falloit sortir en champ de bataille nous y sortions. Sil a fallu batailler virilement et vaillamment non point vne fois nous auōs bataille/ mais plusieurs. Sil a fallu oppugner vng chasteau nous nauōs point este les derniers q̄ auōs mis leschelle aux murailles qui ont entre dedans ꝛ q̄ ont eu victoire. Par tous les dieux vne fureur ꝛ esprit bellique apparoissoit infuz au courage vnanime de tous les citoyens. Lequel adioustoit force a leur vertu et apparoissoit leur promettre certaine victoire. Par Hercules tant les enfans que les vieillars et toutes choses ineptes a la guerre/ finablement le ciel/ la fouldre/ la pluye ꝛ tempeste estoiēt veuz vouloir batailler pour Cesar. Lesquelles choses vostre ost considerant ꝛ cōbien q̄ au parauant il fust variable et dung courage lasche et bien petit pour la grande multitude des ennemys qui nous oppressoit. Toutesfois a ceste heure la a este confirme ꝛ cest ioinct auecq̄s nous. Et alors au premier combat contre les francois apres nous estre tout au long de lhyuer deffendus a force rempars et fossez ce pendant q̄ lon faisoit amast de gens. Finablemēt apres que toute larmee a este assemblee nous sommes sortis contre noz aduersaires. Auquel combat faict a Bicoque pource q̄ auons eu victoire de nos ennemys ta gendarmerie nous a voulu appeller compaignōs de guerre. Le second combat quant Ladmiral venant pour gaigner la ville et ny auoit personne q̄ le engardast dauoir victoire / car ton ost nestoit encores assemble. Toutesfois ton peuple Milanoys la empesche ꝛ luy a resiste. Lequel dung courage acoustume et inuincible prenans les armes a confirme et baille courage aux compaignōs lesquelz senfuyoient / et les a logez en la ville iusques a ce que ton armee ayt este assemblee laquelle depuis que elle a este bien confirmee et restablie est sortie contre les aduersaires ꝛ en les dechassant / blessant / tuāt en a rapporte ꝛ acquis victoires innumerables et inestima-

bles. Le tiers cōbat contre les Francois a este
au temps que la miserable cite a este si affligee de la cruelle peste. Et alors failloit bien
quitter le lieu a la fureur et impetuosite des
ennemys Car la ville miserable estoit delais
see de tous. Et pource que le roy des Frācois
en estoit encores loing le cōmun peuple a mieulx ayme de sa propre voulente sen aller biē
loing que en demourant en la ville laquelle
il neust sceu defendre auec grant honte et ver-
gogne estre chasse des ennemys. Et alors eus
siez veu tout le commun peuple auec grant
pitie & desolation laisser son pays / sa maison
ses propres lieux domestiqs & aymer mieulx
aller demourer es regions et pays estranges
que en demourāt en son pays receuoir beau
coup de beaulx et grās dons de ses ennemys
affin q̄ leur eusse ayde. Auquel tēps ie auōs
beaucoup ayde a ton ost tant de nostre presen-
ce que de nostre conseil: dauātage ce que les
Pauiens ont faict a Pauie et en Alexandrie
Les Milanoys / ie pense qui lest assez notoire
et ne le fault te racōter. Cestassauoir le grāt
assiegement que iceulx Pauiēs ont patiem-
ment endure. Et presque incroyable et pour
bien dire diuine victoire que ceulx en Milanoys ont faicte. Cestassauoir q̄ eulx ne estās

que quatre cēs ont repoulse ꝛ chasse bien qua tre mille de leurs ennemys auquel cōbat ont prins quatorze enseignes laquelle victoire cer tainement te vient en grant louenge et hon neur. Et combien que lon ayt coustume de di re que vne telle maniere de commemoration de benefice soit presque reproche. Toutesfois pource que nostre affaire a ce nous contraint et que peult estre iamais les choses dessusdi ctes ne te furent racontees a la vraye verite. Maintenāt que nous est permis te voulons bien dire et commemorer ce que auons endu re et endurōs tous les iours. Car a ces guer res dernieres si voulōs estimer iusque a cent foys cent mille escus le dommaige et perte q̄ ont endure les villes ꝛ citez de insubrie lon di ra quil est incroyable et que cest fable cōbien que par tous les dieux il est veritable et non point tant seullemēt perte en biēs/ mais aus si bien deux cens mil hommes mortz et periz O cesar si oultre toutes ces choses predictes tu os dire q̄ les gens darmes pour vng cha cun iour demandent quatre mil escus. Et en cores qui plus est violentement ca et la des ci toyens et villageys en extorquent dauantai ge. Alors facillement tu croiras ce que auons devant dict. Et cecy a grant peine/combien q̃ toutesfois lung et lautre soit aussi vray que vraye verite. Et certes ce que en auons endure nous lauons endure en esperãt que toutes ces miseres et calamitez auroient quelq̃ iour fin/et que par ta bonte de laquelle tu vses enuers tous/nous serions restituez et mis non point tant seullement en nostre premier estat et condition/mais en beaucoup plus grans biens/et q̃ quelque iour tu considererois nos calamitez et miseres. Et pource tu recompenserois dung don et bien inestimable la ville q̃ a tant endure pour ton nom. Et que dautant que es plus grãt prince et auguste que les autres/dautant en attendrions nous et aurions vng plus grant don. Et aussi q̃ dautant plus tu aurois en toy la vertu de liberalite (sans laquelle vng prince ne peult estre dict bon) dung cueur et couraige noble qui est en toy tu nous eslargirois dons et benefices plus excellens. Mais o poure miserable ville pourroit on dire par quelle destinee et maulvaise fortune il luy est aduenu q̃ ton ost vint dessus noz terres ou il occupe et gaste toutes villes et lieux ou il est. Et dauantaige qui pis est les ducz et capitaines de ton ost qui ont assiege et enuirõne de rempars le chasteau et forteresse de la

Ville comme si elle leur estoit aduersaire. Au quel lieu le duc que tu nous as donne et a ce ste cause de nous bien ayme est pour le deffen dre/ et voyla comment O cesar la ville misera ble est affligee & tourmētee estant subiecte a nourrir/alimenter et loger si grosse quanti te de gens darmes. Oultre laquelle chose les francois ne luy ont sceu pis faire. Et voila de rechief en assiegant le chasteau une gran de deformation de la ville et demolissement de maisons presque infini. O cesar ces choses predictes en telle sorte tourmente la ville & la rendent si affligee et miserable q̄lle ne scait q̄ deuenir. O ville ie te dictz miserable pour ce que comme une chandelle te consumans de ta lumiere tu esclaires aux autres & ne ten re uiēt aucū proffit. Et encores apres te estre cō sumee et destaincte pour les autres Tu ne trouues pas qui te allege et ayde aucunemēt Et encores dauantaige es tu plus miserable pour cela que dautant plus que Cesar q̄ est ton esperance & deffense est loing tant moins luy peulx tu declarer et demonstrer tes dou leurs/calamitez et complainctes. Nes tu pas bien affligee et tourmentee veu que les gens darmes que tu as autresfois logez/ sustentez et alimentez/gardez & deffendus quāt en ont en necessite maintenant te sont si contraires en sorte quil semble qui te veullent despouiller de tous tes biens/destruire et sacager comme si ne desiroient que ton sang. O ville dequoy te seruent maintenant les labeurs & peines que as endurez: quel proffit te apportent les armes q̃ tu as prins pour Cesar: O ville bien infortunee y a il aucun qui nayt pitie et compassion de la miserable ville ainsi deceue et abusee. Encores ne dictz pas que ces choses predictes ne nous seroient pas si molestes et facheuses silz estoient faictes par les ennemys/mais nous endurons de ceulx que pensions noz amys q̃ nous deussent ayder et deffendre plus de maulx et calamitez que iamais ne nous en firent les ennemys. Laquelle chose si on lendure a la fin les souldars et gens de vile condition voulldrõt commander aux princes & bõs capitaines. Or est q̃ aucuns pourroient dire q̃ sont les gens darmes aussi sommes nous. Et silz aymẽt ton honneur et ta gloire aussi faisons nous. Considere vng petit sil seroit meilleur q̃ les natiõs Despaigne/Germanie/Italie/& les autres cõmendassent les vngs aux autres/ ou q̃ estant vng corps ayant vne mesme voulente regnent et obeissent a Cesar O cesar tresbegnin on ne nous sauroit assez persuader q̃ tu as vng tel courage enuers nous / et q̃ toutes les choses predictes te ayent este declarees a la vraye verite. Nous sommes bien miserables si tu entens cecy et ne nous aydes point. Et encores plus miserables si nen cognois riẽs. Tu pẽse q̃ toutes nos affaires se portẽt bien pource ne nous cõplaignons point/mais maintenãt les maulx ⁊ calamitez q̃ endurõs et auõs endure ont surmõte nostre paciẽce. Et pourtãt quil nous soit permis ⁊ cõcede de vser vng petit de voix exclamatiues deuant Cesar. O cesar. O roy ceuy q̃ est desire ꝑ toute la terre. O cellluy q̃ est nostre ou salut de tous viuans. O lenfantemẽt iunonicque/ lẽfantemẽt dore durant leql toutes gẽs attẽdẽt le regne dor par lequel nous esperõs q̃ la domination de tout ce mõde sera redigee ⁊ gouuernee ꝑ vng. Et q̃ le tressacre sepulchre de nostre seigneur Jesuchrist detenu par les Barbares incredules sera recupere. Laq̄lle chose toute la gent chrestienne attẽd de toy cõme la peulx biẽ appercevoir ⁊ cõgnoistre parquoy. O cesar veu que nous sõmes si biẽ affectiõnez enuers toy entenderas tu q̃ la ville tant studieuse de toy ⁊ q̃ a si biẽ merite de toy nõ souffre laq̄lle iamais nen fut vne sẽblable ou pareille dessoubz le ciel soit ainsi pillee/gastee / et sacagee par les gens darmes. Et q̄ celle q̄ a este royne de toute Ytalie et de beaucoup daultres natiōs la plus riche/opulente et triumphante dequoy on ayt memoire soit ainsi annichillee et mise au bas. En sorte que cy apres on ne trouuera pas qui en icelle ville labourer a cause q̄ labourens prennent grant peine a labourer et semer/ & ne recueillēt aucū fruict. Et dela doulēt que maintenāt Cremone est priuee de toute louēge & du tout destruicte. Et aussi cōment les Comes iniustemēt sont denuez de tous leurs biēs. Et pareillemēt Pauie q̄ est affligee de tant de obsidiōs et assaulx. Et la miserable Nouare est du tout destruicte & tousiours captiue. Alexādrie de tous delaissee en telle sorte q̄ tous les biens/ richesses & opulences dicelles villes dessusdictes a este ꝑ les gēs darmes transporte a Genes. Et q̄ pis est les faulbourgs de la ville de Milan estāt du tout abatus & brussez la plus grāt part de la ville delaissee et abandōnee de tout le mōde. Et le cōmun peuple denue dargent non osant exercer aucune marchandise. Nous sommes oppressez de tous maulx & calamites subiectz a tous perilz/ nō osant labourer ne cultiuer les terres pour en auoir aucuns fruictz / de quoy

nous alimenter. Certes silz y a aucunes maisons ce ne sont q̃ les demourans dicelles q̇ ont
este demy abbatues par les gẽs darmes ausquelles si peu quil y a de gens estiment et di-
sent Ceulx qui sont mors de peste et famine
estre bien heureux. Et combien q̃ les citoyens
et nobles gens ne osent revenir et que le demourant qui est en la ville senfuye. Toutesfois les gens darmes ne cessent aucunement
de nous tourmenter et affliger cõme filz de-
uoiẽt estre nos heritiers et possesseurs de nos
biens Cestassauoir en emmenant tropeaulx
de beufz/moutons/ꝛ autres bestes/en empor-
tant mesnaiges ꝛ vendant tout/ et en ranson-
nant les poures villaiges. En sorte quilz sef-
forcent tous les moys de ceste poure et misera
ble terre de insubrie oultre les peages extor-
quer cent cinquante mil escus / cõme si toutes
choses estoient florissantes. Laquelle chose tu
voys bien quelle est trop cruelle ꝛ rigoureuse/
et pourtant O cesar nous si peu q̃ nous sommes qui sommes le demourant/tant de ceulx
qui sont mors de peste ꝛ famine / que de ceulx
qui sen sont enfuyz tous auecq̃s pleurs et ge-
missemens/vieillars/enfans / iouuenceaulx/
femmes vierges ꝛ filles/nous te prions/nous
inuocons ton nom par celluy redempteur qui

en la croix a rachete & toy & nous par sa vierge mere/& par tous les benoistz espritz celestes par ton chief/par ton bon ange et le salut du peuple Romain/et par nostre foy immuable envers toy. Nous te prions et supplions oste & reiecte ton ost lequel est trop cruel envers nous ou de ton argent/car nous ne le pouõs du nostre/rachapte nous en ceste sorte q̃ ton ost puisse vivre sans nous tourmenter ainsi. Laquelle chose si tu ne faictz nostre dernier refuge sera de aller chercher autres dementes. Laquelle chose que Dieu vueille engarder/nous seroit en ung grãt douleur et tourment & a toy ung grant deshonneur et detriment. En priãt le Dieu tout puissant quil vueille ayder aux Milanoys.

www.ingramcontent.com/pod-product-compliance
Ingram Content Group UK Ltd.
Pitfield, Milton Keynes, MK11 3LW, UK
UKHW020501220726
13923UKWH00006B/2698